QUESTION DE DROIT

373 — PARIS, IMPRIMERIE POUPART-DAVYL ET Cie,

30, rue du Bac, 30.

QUESTION DE DROIT

A PROPOS DE L'ARRÊT RENDU

PAR

LA COUR DE DOUAI

DANS

L'AFFAIRE MIRÈS

PARIS

POULET-MALASSIS, LIBRAIRIE-ÉDITEUR

97, RUE RICHELIEU, 97

1862

QUESTION DE DROIT

A PROPOS DE

L'ARRÊT RENDU PAR LA COUR DE DOUAI

DANS

L'AFFAIRE MIRÈS

————◆————

I

La parfaite innocence de M. Mirès se trouve juri-
diquement établie par l'arrêt que la Cour de Douai a
rendu en sa faveur, le 21 avril dernier. Personne n'a
désormais le droit de qualifier les actes à raison desquels M. Mirès avait été poursuivi, autrement que cette
Cour ne les a qualifiés. Ces actes n'avaient enfreint
aucune loi pénale ; ces actes étaient licites ; aucun

d'eux n'avait le caractère délictueux : c'est désormais une vérité acquise et plus claire que le jour, car il y a sur ce point *chose jugée*.

En prenant la liberté d'examiner publiquement quelques-uns des principes de droit posés par la Cour de Douai, je n'ai donc aucune intention de critiquer en lui-même l'arrêt qu'elle a rendu ; je ne puis, ni ne dois, ni ne veux apprécier, autrement qu'elle ne l'a fait, le caractère moral des actes sur la non-criminalité desquels elle a souverainement prononcé ; je connais le respect dû à la magistrature et à ses décisions ; je n'entends point me départir de ce respect.

Mais, en tout arrêt, il est une chose qu'on peut librement discuter, et par laquelle il demeure éternellement livré aux débats des jurisconsultes, ce sont les principes. Je pourrais donc, sans manquer de déférence, et sans franchir mon droit, essayer de renverser les bases juridiques sur lesquelles la Cour a construit son argumentation, et relever les erreurs que, suivant moi, elle aurait commises ; la liberté de la discussion s'étend, sans contredit, jusqu'à cette limite. L'innocence de M. Mirès n'aurait même pas à souffrir de l'usage de cette liberté ; car, fût-il démontré pour moi et pour ceux qui prendront la peine de me lire, que l'arrêt du 21 avril s'est écarté des règles du droit pénal, le dispositif qui, en toute matière, mais principalement en matière correctionnelle et criminelle, est le point principal d'une sentence judiciaire, le dispositif de l'arrêt n'en demeurerait pas moins inattaquable, et continuerait de couvrir M. Mirès d'une égide que personne ne peut songer à briser.

Mais je n'ai point des visées si hautes, et mon dessein est moins hardi. La Cour de Douai avait à juger si les actes reprochés à M. Mirès étaient ou non des délits; elle n'avait point à décider si ces actes en eux-mêmes étaient ou non conformes aux règles du droit civil et commercial; elle a déclaré que ces actes, et notamment l'exécution des 333 clients, emprunteurs sur remise de titres, dont j'entends m'occuper exclusivement, étaient des actes licites, c'est-à-dire qui ne tombaient sous l'application d'aucun texte pénal. Cette décision est souveraine, je le répète, et je ne prétends en contester ici ni la justesse ni la justice; mais il est possible que ces mêmes actes, innocents au regard du droit pénal, puisqu'il en est ainsi jugé, soient cependant, au point de vue du droit civil, entachés de nullité; il se peut, au contraire, que ces actes soient aussi conformes aux principes généraux du droit que la Cour de Douai les a trouvés conformes aux principes de la morale et du droit criminel.

C'est uniquement ce que je me propose de rechercher, et cette recherche me paraît à la fois opportune et utile.

Si les actes dont je vais m'occuper sont frappés d'une nullité radicale, il est à propos que le public le sache, et que personne ne s'aventure désormais qu'à bon escient dans cette voie périlleuse.

Si de l'examen que je prétends provoquer, il ressort, au contraire, que l'arrêt de la Cour de Douai a posé le germe d'une jurisprudence commerciale nouvelle, et que la doctrine des comptes courants vient de s'enrichir d'un chapitre entièrement nouveau, il est bon de le reconnaître et de le publier; c'est un champ presque vierge ouvert à l'activité des transactions; c'est une ressource nouvelle ménagée aux emprunteurs. Ce que M. Mirès a fait légitimement, chacun a désormais le droit de le faire comme lui. Élevons donc sur cette côte hospitalière, où pourtant il s'en est fallu de si peu que ne vînt tristement échouer le navigateur intrépide qui l'a découverte, élevons un phare qui en éclaire à la fois les récifs et les passes; tâchons de guider des voyageurs qui seraient peut-être moins habiles et moins heureux que celui qui a pu le premier franchir la barre, et trouver tout à coup, dans le port qu'il désespérait presque d'atteindre, le triomphe imprévu d'une cause que chacun croyait perdue.

II

L'arrêt de la Cour de Douai, ou, pour mieux préciser, la portion des considérants de cet arrêt dont je veux exclusivement m'occuper, relève, parmi les charges amoncelées par le ministère public, les faits suivants :

1° M. Mirès avait reçu d'un grand nombre de personnes des titres au porteur de diverses sortes : actions et obligations de plusieurs Compagnies.

2° Contre remise de ces titres, il avait avancé des sommes qui, dans aucun cas, ne paraissent avoir atteint la valeur que le cours de la Bourse attribuait à ces titres à l'époque de leur remise.

3° En recevant ces titres, M. Mirès a fourni des *ré-cépissés* sur lesquels la colonne intitulée *Désignation* est restée en blanc, qui ne portent aucune mention des numéros par lesquels chaque titre est spécifié, aucune autre indication, en un mot, que celles qui se réfèrent au nombre et à l'espèce du titre : *Reçu dix mobiliers; Reçu dix actions du chemin du Nord.*

4° A chacune des personnes qui avaient remis ces titres, un compte a été ouvert ; au débit de ce compte, les sommes avancées et les intérêts produits par ces sommes ; au crédit, le montant des coupons afférents aux titres remis, au fur et à mesure des échéances.

5° M. Mirès a disposé de ces titres quand et comme il l'a voulu ; il les a vendus au prix que bon lui a semblé ; il n'a point porté au crédit des remettants le montant de ces ventes.

6° En 1859, quand il a cru qu'une baisse imminente allait déprécier toutes les valeurs, M. Mirès a fait vendre *fictivement* à la Bourse ces mêmes titres qu'il avait *effectivement* vendus plus ou moins longtemps auparavant, et par une circulaire, postérieure à la date de cette vente fictive, il a fait connaître aux intéressés le fait de la vente, le prix déterminé par la vente fictive, l'inscription au crédit de chaque compte du montant de ce prix ; de plus, il a invité chacun à verser le solde que le compte arrêté après cette inscription laissait à son débit.

7° Plusieurs des personnes ainsi averties s'étant plaintes qu'on eût vendu leurs titres à leur insu, M. Mirès s'est mis en mesure de racheter des titres de même espèce pour les restituer aux réclamants ; son arrestation a seule interrompu cette réintégration.

Les faits ainsi posés, la Cour de Douai démontre que le contrat intervenu entre M. Mirès et ses clients n'était ni un *dépôt* ni un *nantissement*.

Ce n'était pas un dépôt, dit-elle, parce que le dépôt impose étroitement au dépositaire l'obligation de conserver et de rendre identiquement et individuellement la chose même déposée ; or, le soin qu'a pris M. Mirès de ne point porter sur les récépissés les numéros des titres, mais seulement l'indication de leur nombre et de leur espèce, montre assez qu'il n'a jamais voulu s'engager à conserver et à rendre identiquement les titres remis ; il n'a donc jamais voulu prendre, il n'a donc jamais eu la qualité de dépositaire.

Par la même raison, continue la Cour, le contrat dont on recherche le caractère n'est point un nantissement, car l'une des conditions indispensables à la formation du nantissement, c'est la détention continuelle du gage par le créancier ; la faculté de disposer de l'objet, de l'aliéner, d'en faire un usage quelconque, est exclusive du nantissement.

Le contrat intervenu entre M. Mirès et ses clients n'étant ni un dépôt ni un nantissement, M. Mirès n'était tenu d'aucune des obligations imposées au dépositaire et au créancier gagiste ; il a donc pu, sans encourir aucune des accusations portées contre lui, disposer, à son profit et dans son intérêt particulier, des titres qui lui avaient été remis avec l'autorisation, au moins implicite, d'en faire l'usage que bon lui semblerait.

Voilà bien, je pense, le système de l'arrêt, les principes qu'il pose, les conséquences qu'il tire. Je n'ai, je le répète, aucune intention d'improuver ces conséquences ; l'innocence de M. Mirès est aujourd'hui hors de toute contestation possible, n'en parlons plus ; que personne ne cherche ici autre chose qu'une pure question de droit civil et commercial.

Or, à ce point de vue, je reconnais avec la Cour que le contrat dont j'essaie, sur ses traces, d'examiner le caractère, ne peut être ni le nantissement ni le dépôt, le dépôt régulier, du moins. Quelle sera donc la nature de ce contrat ?

La cour de Douai répond aussitôt : Ce contrat, c'est le contrat de compte courant.

Je ne dis pas encore non ; mais dès à présent la Cour me permettra de lui faire remarquer que le contrat de compte courant n'avait jamais été vu sous le jour tout nouveau où le fait paraître l'arrêt du 21 avril. Si la convention intervenue entre M. Mirès et ses clients n'est vraiment que le contrat de compte courant; si la seule ouverture d'un compte courant donne implicitement au banquier, vis-à-vis des clients qui le couvrent par des remises de titres, les droits qu'a pris et qu'a exercés M. Mirès, il faut reconnaître que ce contrat, sur le caractère et les effets duquel la jurisprudence paraissait fixée, reçoit une extension tout à fait imprévue, et peut désormais jouer dans les relations commerciales un rôle fort grave et sur lequel on ne saurait trop appeler l'attention.

L'arrêt du 21 avril, quoique rendu en matière correctionnelle, et ne pouvant avoir d'autre objet que de bien constater l'innocence de M. Mirès, contient donc, dans la portion de ses considérants que nous examinons, le germe d'une jurisprudence dont l'influence, si elle venait à s'établir, serait une véritable révolution dans les habitudes du commerce.

En effet, c'est ici le lieu de relever une erreur de fait qui s'est glissée dans l'arrêt du 21 avril. Il est possible que M. Mirès n'ait pas été le seul à pratiquer la convention dont nous étudions le caractère; MM. Pegot-Ogier et Millaud, je le crois, et quelques autres encore, l'avaient adoptée, mais cette pratique n'a jamais été celle d'aucun de nos grands établissements de crédit. Ni la *Banque*, ni le *Comptoir d'escompte*, ni le *Crédit foncier*, ni le *Crédit mobilier*, ni le *Sous-Comptoir du commerce et de l'industrie*, ni le *Crédit commercial et industriel*, ne l'ont jamais suivie;

elle n'est pas moins étrangère aux principales maisons de banque. MM. Mallet, Rothschild, Hottinguer, Dassier, Seillières, Marcuard, Pillet-Will, ne la connaissent point ; l'invention est tout à fait nouvelle et vaut la peine qu'on l'examine.

Disons donc en peu de mots en quoi consiste le contrat de compte courant, tel que le définissent l'usage et la jurisprudence antérieure à l'arrêt de la cour de Douai.

Le contrat de compte courant est purement commercial ; il est né de l'usage ; nulle part les règles n'en ont été codifiées ; il faut les rechercher dans la pratique du commerce, dans les décisions de la jurisprudence, et, de plus, ajouterons-nous, si l'on ne veut s'égarer, dans les principes généraux du droit.

Il y a *compte* entre deux personnes toutes les fois que l'une doit à l'autre, et il peut arriver que les deux parties aient respectivement la double qualité de débiteur et de créancier. En ce cas, si les deux dettes sont en même temps exigibles et liquides, elles s'éteignent à due concurrence par l'effet de la compensation, et celle des parties qui se trouve devoir pour solde, paye ou demande du temps.

En matière civile, et certains cas prévus par la loi exceptés, les sommes dues ne sont productives d'intérêt que si la convention a stipulé cette condition. Quand il est dû des intérêts, et si le débiteur qui règle ne s'acquitte pas entièrement, les à-compte payés s'imputent d'abord sur les intérêts et subsidiairement sur le capital.

Même au cas où des intérêts sont dus, ces intérêts ne se capitalisent de façon à produire eux-mêmes des intérêts que lorsque cette clause est convenue, et l'on ne peut convenir que cette capitalisation aura lieu à des époques plus rapprochées qu'une année.

Telles sont les règles générales du compte ordinaire.

Les règles du compte courant sont tout à fait différentes :

Premièrement, les intérêts sont dus respectivement et de plein droit, la stipulation en est toujours sous-entendue.

Secondement, la capitalisation des intérêts est de droit, sans qu'il soit besoin d'une stipulation expresse ; elle se fait chaque fois que les parties se remettent une situation ; cette situation se remet habituellement tous les semestres, quelquefois plus souvent.

Ces deux premières règles, étrangères et même opposées aux principes civils, ne sont point spéciales au compte courant ; il en est autrement de celles qui vont suivre.

Troisièmement, le compte, *courant* toujours, et ne devant s'arrêter que le jour où, par la volonté de l'une des parties ou par l'effet même de la convention, il prendra fin, aucune des sommes portées au débit et au crédit respectif n'est jamais exigible ni liquide; il ne se fait donc, aussi longtemps que le compte *court*, aucune compensation, et contrairement au principe général rappelé plus haut, les diverses créances inscrites au doit et à l'avoir ne s'éteignent pas au fur et à mesure de leur inscription.

Quatrièmement, les sommes versées dans un tel compte, quelle que soit l'époque du versement, ne s'imputent jamais sur les intérêts. Pour parler plus juste, toute imputation et toute compensation sont suspendues aussi longtemps que dure l'état de compte courant. Quand le compte courant finit et s'arrête, la compensation s'opère non point de somme à somme et aux époques des versements, mais sur l'ensemble du crédit comparé à l'ensemble du débit, intérêts cumulés, et il n'y a lieu à aucune imputation, parce que les intérêts sont fondus avec le principal.

Ces principes lentement, et l'on peut ajouter difficilement établis par l'usage et par la pratique du commerce, n'ont été sanctionnés dans leur ensemble que par une jurisprudence récente.

C'est seulement à partir de l'arrêt du **17** janvier **1849**, rendu sur les conclusions conformes de M. Nicias Gaillard, que la Cour de cassation, qui hésitait encore en **1838** et en **1839**, s'est définitivement prononcée sur les quatre règles fondamentales que nous venons de rappeler; mais ses arrêts des **10 mars**

1852, **26** juillet, **10** août de la même année, **11** mars
1856, indiquent qu'elle se sent dans la vraie route
et qu'elle veut y persévérer.

Les arrêts de **1852** ajoutent même aux quatre principes reconnus plus haut, une cinquième règle qui
n'est, au surplus, que la conséquence des premières :
c'est que les effets de commerce remis par l'une des
parties à l'autre ne sont jamais portés au crédit du
remetteur que sauf encaissement, et que si l'un des
effets n'est point payé, le montant de cet effet, grossi
des frais, doit être contre-passé au débit.

C'est principalement en matière de faillite et de
prescription que les principes que je viens de résu-
mer sont d'une application fréquente; il est inutile
d'examiner ici ces applications. Mais, pour bien
comprendre ce que l'arrêt de Douai ajoute aux
règles de jurisprudence qui viennent d'être retracées,
il convient de jeter un coup d'œil sur l'usage que
le commerce fait le plus ordinairement du compte
courant.

C'est le plus souvent à l'occasion des paiements et
des recouvrements qu'ils font l'un pour l'autre, que
deux négociants se mettent en compte courant; ils
sont alors respectivement mandataires l'un de l'autre,
souvent aussi, et tour à tour, emprunteurs et prêteurs.
Lorsqu'à raison des avances dont l'un des correspondants se pourra découvrir, l'autre le couvre par des

effets de commerce, ces effets passent naturellement dans le compte courant; mais, en vertu de l'un des principes énoncés tout à l'heure, ces effets fondus dans le compte ne figurent jamais au crédit de l'envoyeur que sous la condition implicite d'encaissement.

Il en est de même des traites que l'un des correspondants enverrait à l'autre, non pour le couvrir, mais pour en opérer la négociation et en faire ressource.

Le compte courant ne se compose pas seulement de remises envoyées ou de traites fournies et acceptées; toute autre créance peut y entrer : par exemple, le prix réalisé ou à réaliser de marchandises consignées, des avances sur consignations, le montant d'une créance déléguée. Il en serait de même d'un achat ou d'une vente quelconque, mobilière ou immobilière, opérés pour le compte de l'une des parties par l'autre. Le produit de toutes ces opérations , quand même elles seraient étrangères au commerce, irait naturellement se fondre dans le compte courant.

Bref, toutes les transactions qui peuvent rendre l'un des correspondants débiteur ou créditeur de l'autre, à quelque titre que ce soit, peuvent entrer, mais par *leurs résultats seulement*, dans le compte courant. Ce qui revient à dire que les divers articles d'un compte courant ne peuvent figurer dans le compte que lorsqu'ils sont l'expression d'une valeur en argent : des effets de commerce, des maisons, une voiture, un cheval, du blé, des actions et des obligations ne peuvent donc trouver place dans un compte courant, mais seulement le montant en argent des négociations dont ces marchandises auront été ou doivent être l'objet (1).

Ceci nous mène au cœur de la question.

Rien dans la loi, rien dans l'usage ni dans la jurisprudence ne s'oppose à ce qu'un banquier, ouvrant à des clients porteurs d'actions ou d'obligations industrielles, un crédit en compte courant, reçoive d'eux, contre l'argent qu'il leur prête, des titres destinés à être vendus pour leur compte, et dont le prix encore indéterminé devra figurer au crédit de ces clients dès qu'il sera connu. Rien de plus simple : les clients sont vendeurs par l'entremise du banquier, qui pourra même se créditer d'une commission ; si, avant le moment où la vente sera consommée, des coupons attachés aux titres viennent à l'échéance, si le jeu de l'amortissement amène le remboursement du titre avec ou sans prime, le montant des coupons échus, le remboursement des primes et de l'amortissement seront portés au crédit des clients.

Rien n'empêche non plus que dans une autre

---

(1) Quelques auteurs plus sévères ne reconnaissent point que l'état de compte courant puisse naître entre les correspondants, quelles que soient même leurs conventions à cet égard, s'il n'a été fait entre eux des remises de valeurs faites.

hypothèse, la propriété des titres étant dès l'origine cédée par le client au banquier, celui-ci, débiteur du prix convenu, ne dispose du titre suivant sa volonté et son intérêt particulier ; mais dans ce cas, il faut qu'au moment de la remise des titres, un prix leur ait été donné, et c'est ce prix qui, seul, peut et doit figurer au compte courant. Dans cette dernière espèce, les coupons et le remboursement éventuel des actions et des primes appartiennent au banquier, puisqu'il est acheteur.

Tout ce qui précède est fort simple et ne peut donner lieu à difficulté ; mais le contrat, tout nouveau en pratique aussi bien qu'en théorie, qui, suivant la cour de Douai, est intervenu entre M. Mirès et ses clients, ne rentre dans aucune des deux espèces que je viens de prendre pour exemple ; ce contrat peut se formuler ainsi :

« Je vous ouvre un certain crédit ; je vous ouvre
« ce crédit en compte courant.

« Pour me couvrir de mes avances, vous remettrez
« entre mes mains un certain nombre d'actions ou
« d'obligations de telle ou telle compagnie.

« Je pourrai disposer de ces actions comme bon
« me semblera, les vendre, les racheter, les revendre
« encore, le tout dans mon intérêt particulier, sans
« que je doive jamais porter au crédit de votre

« compte le fruit de ces diverses opérations. Je ne suis
« tenu de vous créditer que du montant des coupons
« échus, au fur et à mesure, non point de l'encaisse-
« ment qui ne vous regarde point, mais de l'échéance ;
« il va de soi que si, pendant la durée du compte
« courant, l'un de vos titres est amorti et remboursé,
« avec ou sans prime, je profiterai seul de ce rem-
« boursement.

« Quand nous voudrons, l'un ou l'autre, mettre fin
« à la situation que nous crée ce contrat, vous me
« rendrez, avec les intérêts, l'argent que je vous
« aurai avancé ; je vous remettrai, non point indivi-
« duellement les titres que je reçois, mais un égal
« nombre de titres de la même espèce. Si vous ne
« pouvez me rembourser, je garderai les titres, et
« leur valeur, au cours du jour de notre règlement,
« sera passée à votre crédit ; après quoi vous serez
« créditeur pour solde, suivant l'éventualité. »

Quand on cherche à définir la nature du contrat dont
je viens d'analyser la teneur, l'embarras est grand ; car,
à moins de considérer, comme M. Mirès a prétendu
qu'on doit le faire, les titres au porteur des compagnies industrielles comme choses *fongibles*, et de les
assimiler purement et simplement aux billets de la
Banque de France, ce qui permettrait d'appliquer les
règles du *dépôt irrégulier*, il est impossible de retrou-

ver dans la convention que nous étudions les caractè-
res d'aucun contrat reconnu et défini par la loi.

Ce contrat n'est pas une *vente,* car au moment
où le client remet ses titres au banquier, celui-ci
n'en devient pas propriétaire, moyennant un prix
convenu.

Ce n'est pas un *prêt*, puisque le client, propriétaire
des titres, en permet au banquier, non-seulement
l'usage, mais l'aliénation, et qu'au surplus il ne lui
est alloué aucun prix pour l'usage que le banquier a
le droit d'en faire.

Ce n'est pas un *nantissement*, puisque le banquier
n'est point tenu de garder les titres ni de les représenter *in specie.*

Par les mêmes raisons, ce n'est pas un *dépôt régulier.*

Ce n'est pas une *consignation*, puisque le mandat
de vendre n'est point donné, et que la faculté de disposer du titre est laissée au banquier dans son intérêt
exclusif.

Ce serait, nous le disions tout à l'heure, le *dépôt
irrégulier*, si l'on pouvait ranger les titres au porteur
dans la classe des choses fongibles, et les assimiler
aux billets de la Banque. Or, cette assimilation est
impossible; le billet de banque est remboursable, à
vue, en espèces, c'est une monnaie fiduciaire: l'action
ou l'obligation n'est point à tout instant convertible

en espèces ; elle ne peut, comme toute autre marchan-
dise, se changer en monnaie que par l'effet d'une
vente ou d'un troc ; elle ne fait point fonction de monnaie : on paie en billets de banque, on ne paie pas en
actions ni en obligations.

L'assimilation du titre au porteur avec le billet de
banque écartée, on ne saurait même ranger ces titres
dans la classe des choses *fongibles*. Ce mot de *fon-
gible*, la langue du droit l'applique aux choses qui
peuvent indifféremment faire fonction l'une à la place
de l'autre. Vingt francs en or ou en argent, pour vingt
francs en or ou en argent ; du vin de même qualité,
pour du vin de même crû, de même année, de même
conservation ; des œufs frais pour des œufs frais, etc.
Mais comme la plupart des titres industriels, actions
ou obligations, outre la qualité commune à tous les
titres de la même espèce, de représenter une égale
quotité de créance ou de propriété, emportent un droit
d'amortissement, et souvent même de prime, attaché
individuellement à tel titre portant tel numéro, et non
à aucun autre titre de la même espèce, il est évident,
sans pousser plus loin la discussion, que des titres de
cette nature ne peuvent former l'objet du *dépôt irrégulier ;* que ce contrat pourrait tout au plus s'appliquer
à ceux des titres au porteur, auxquels n'est attaché
aucun droit spécial de prime ou d'amortissement, et
que par conséquent le contrat pratiqué par M. Mirès ne

rentre dans aucune des catégories prévues et réglées par la loi.

Soit, me dira-t-on ; mais nous ne vivons point dans les liens de fer du vieux droit romain ; le principe général du droit français en matière d'obligation, c'est que les conventions légalement formées tiennent lieu de lois à ceux qui les ont faites. Le champ des combinaisons pour la réalisation desquelles les volontés humaines peuvent s'unir est indéfini. Qu'importent les noms et les catégories connus? Le contrat et la lettre de change, l'assurance maritime, l'assurance contre l'incendie, l'assurance sur la vie ne furent-ils pas en leur temps des innovations dont s'étonnèrent d'abord les docteurs du droit civil?

Réponse fondée ! pourvu qu'elle s'applique, c'est-à-dire pourvu que le contrat que j'examine soit conforme aux règles générales et imprescriptibles du droit. Or, à mon avis, ce contrat est nul comme étant contraire à l'ordre public, et il est contraire à l'ordre public parce qu'ayant au fond pour objet principal de créer en faveur du prêteur sur titres un privilége de fait, il élude les conditions à la stricte exécution desquelles le législateur français a impérieusement attaché la formation du privilége.

Suivez bien dans la pratique, et au milieu des chances de l'incessante fluctuation des affaires, l'effet de ce contrat, et vous verrez qu'il peut, à la volonté et selon l'intérêt du banquier, devenir tour à tour :

Nantissement, s'il plaît au banquier de conserver le titre et de le représenter à l'emprunteur lors du règlement;

Vente, au prix déterminé par le cours du jour où il plaira au banquier d'arrêter le compte, si le prix déterminé par ce cours est nécessaire pour solder, fût-ce même partiellement, le débit de l'emprunteur.

Remarquez surtout que, dans tous les cas, même dans celui où l'emprunteur offre de solder en espèces, il a le droit de réclamer non pas le titre qu'il a remis, mais un titre de la même espèce, il semble que la convention devient un *dépôt irrégulier;* remarquez que l'effet de cette convention étant toujours d'attribuer au banquier le droit d'amortissement et de prime attaché au titre, il n'est point possible de lui reconnaître le caractère de ce dernier contrat. Il arrivera souvent sans doute que le titre que j'aurai remis n'aura donné lieu, pendant la durée de la convention, à aucune perception de prime ni d'amortissement; mais il est certain que toutes les chances de cette perception ont été abandonnées au banquier; il est sûr que si cette perception s'est ouverte, le client n'en connaîtra même point l'événement; il est certain que mon titre, fût-il remboursé et remboursé avec prime, le banquier m'en remettra toujours un autre. Or, ce profit est incompatible avec les règles du dépôt irrégulier, qui ne peut avoir pour objet que des choses fongibles.

Ceci nous mène à une autre considération : nous demanderons au banquier de nous montrer à quel titre et pour quelle cause cet abandon implicite, mais certain, des chances de prime et de remboursement lui est fait ? S'il est acheteur de ces chances, où en est le prix ? S'il n'en est pas acheteur, quelle cause a cet abandon ? Que donne-t-on au porteur de titres en contrevaleur ? Le profit qui en résulte est-il une commission déguisée ? Est-ce un accroissement à l'intérêt légal ? Sous aucun rapport, cette perception, aléatoire s'il s'agissait d'un seul titre, mais certaine si le renouvellement des affaires permet au banquier de conserver toujours les titres amortis, et de rendre invariablement en échange ceux qui ne le sont pas ; sous aucun rapport, cette perception n'est légitime ; ou elle est usuraire, ou elle est sans cause.

Qu'on n'essaie point de masquer cette double nullité sous prétexte de compte courant. Le compte courant n'a point l'étrange vertu d'effacer les nullités d'ordre public ; pour adopter la langue des jurisconsultes les plus éminents, il est une *sorte de contrat ;* mais les effets de cette convention ne portent que sur le mode dont se dresse, se suit et se règle le compte qui existe entre les parties. Le compte courant, dans les colonnes duquel on ne peut, après tout, porter que les résultats d'opérations étrangères au compte lui-même ; le compte courant toujours ouvert pour recevoir, aux conditions particulières qui le caracté-risent, le produit quelconque des négociations de toute espèce par lesquelles les correspondants peuvent devenir respectivement *débiteurs* ou *créditeurs ;* le compte courant, la chose est évidente, ne peut changer le caractère propre des négociations ! Pour être passée en compte courant, une perception illicite ne devient pas légitime ! L'inscription en compte courant de la vente indûment faite d'un gage irrégulièrement constitué n'empêchera jamais un syndic de faire annuler un faux nantissement !

III

Je crois ma tâche terminée.

J'ai rappelé les principes et les règles du contrat de
compte courant; j'ai montré en quoi ces règles diffè-
rent des règles du compte ordinaire; j'ai fait voir que
le compte courant ne pouvait avoir pour effet de
changer la nature des négociations dont il rassemble
les résultats.

J'ai reproduit et analysé le nouveau contrat inau-
guré par M. Mirès, et tâché de faire toucher du doigt
les effets de la nouvelle jurisprudenee dont l'arrêt de
la Cour de Douai semble contenir le germe.

J'ai fait voir combien le contrat nouveau était onéreux pour l'emprunteur, quelles chances variées et lucratives il assure au prêteur.

Je crois avoir démontré que ce contrat n'est point conforme aux règles générales du droit, et que, sous deux rapports au moins, il est contraire à l'ordre public.

J'ai montré dans tous les cas que les clauses en étaient si nouvelles et d'un jeu si compliqué, qu'à supposer que la jurisprudence en reconnût jamais la validité, il ne peut tomber dans l'esprit de personne que la simple convention de compte courant puisse impliquer des clauses qui, pour être efficaces, devraient tout au moins avoir été clairement et formellement stipulées.

Je n'ai point la prétention de donner mon avis pour une solution, mais je crois servir à la fois les banquiers et les porteurs de titres, en appelant leur attention sur des points demeurés bien obscurs malgré le nombre et l'importance des intérêts qui s'y rattachent.

Si j'ai tort, si le contrat nouveau, que je crois avoir fidèlement analysé, doit prendre dans la coutume, et plus tard peut-être dans la loi, une place à laquelle il ne me paraît point qu'il ait droit, on me devra d'avoir provoqué l'éclaircissement des obscurités qui auraient en ce cas troublé mon jugement.

S'il est reconnu, au contraire, que ma critique est fondée, j'aurai servi les intérêts de tous ceux que mes avertissements auront empêchés de s'engager sur une route aussi dangereuse pour le banquier que pour ses clients.

Il appartient maintenant à la Magistrature, à la Magistrature civile et à la Magistrature consulaire ; il appartient au Barreau, au Commerce, il appartient surtout à l'Opinion publique de rendre un verdict souverain, et de décider en dernier ressort, au nom du droit et de l'équité, la question dont j'ai voulu seulement poser les termes !

373. — Imprimerie Poupart-Davyl et Cie, 30, rue du Bac.

9 782014 078565